AF221776

Impressum
Verlag: BABADADA GmbH, Nedderfeld 112 , 22529 Hamburg
Geschäftsführer / Verlagsleitung: Harald Hof
Druck: Books on Demand GmbH, In de Tarpen 42, 22848 Norderstedt

Imprint
Publisher: BABADADA GmbH, Nedderfeld 112 , 22529 Hamburg, Germany
Managing Director / Publishing direction: Harald Hof
Print: Books on Demand GmbH, In de Tarpen 42, 22848 Norderstedt, Germany

школа

paaralan

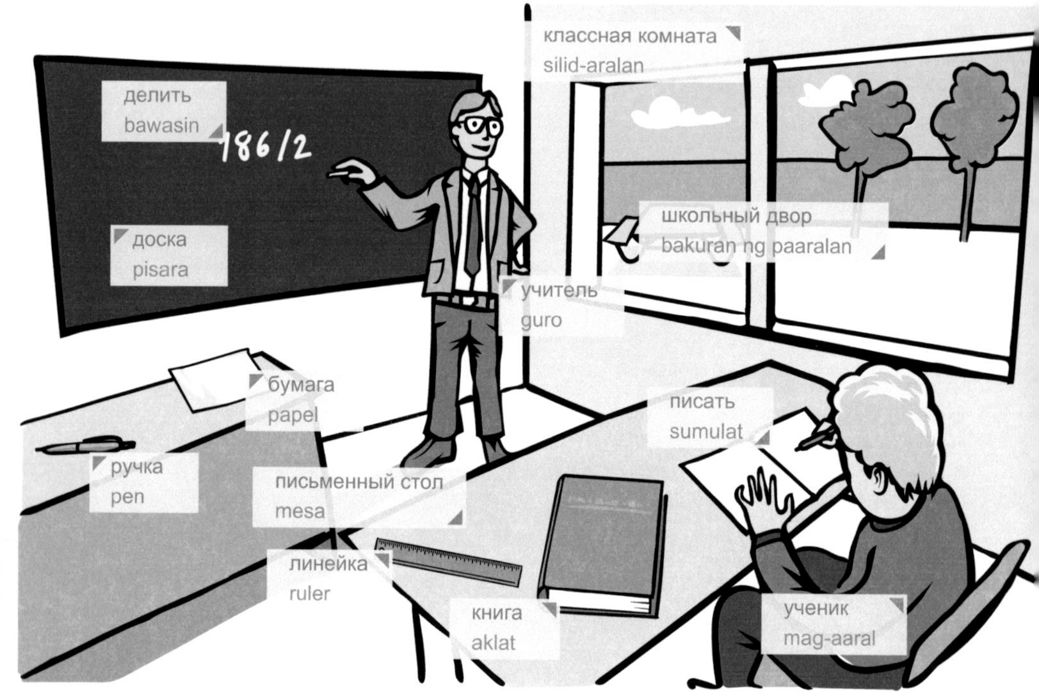
классная комната
silid-aralan
делить
bawasin
186/2
доска
pisara
школьный двор
bakuran ng paaralan
учитель
guro
бумага
papel
писать
sumulat
ручка
pen
письменный стол
mesa
линейка
ruler
книга
aklat
ученик
mag-aaral

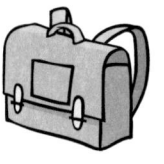

ранец

satchel

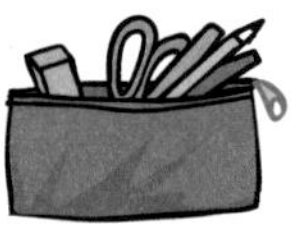

пенал

lalagyan ng lapis

карандаш

lapis

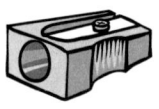

точилка

pantasa

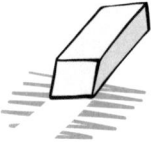

ластик

goma

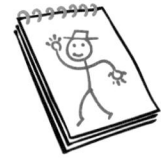

альбом для рисования

drowing pad

рисунок

drowing

кисточка

pinsel na pampinta

коробка красок

kahon ng pinta

ножницы

gunting

клей

pandikit

тетрадь

aklat para sa pagsasanay

домашняя работа

takdang-aralin

12

цифра

numero

2+2

прибавлять

dagdagan

5-2

вычитать

bawasin

2×2

умножать

paramihin

считать

kalkulahin

A

буква

liham

ABCDEFG
HIJKLMN
OPQRSTU
VWXYZ

алфавит

alpabeto

hello

слово

salita

текст

teksto

читать

basahin

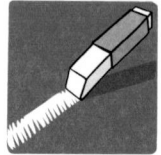

мел

yeso

урок

leksyon

классный журнал

rehistro

экзамен

eksaminasyon

диплом

sertipiko

школьная форма

uniporme sa paaralan

образование

edukasyon

энциклопедия

encyclopedia

университет

unibersidad

микроскоп

mikroskopyo

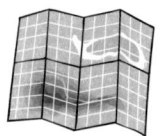

карта

mapa

корзина для бумаг

basurahan ng papel

путешествие
paglalakbay

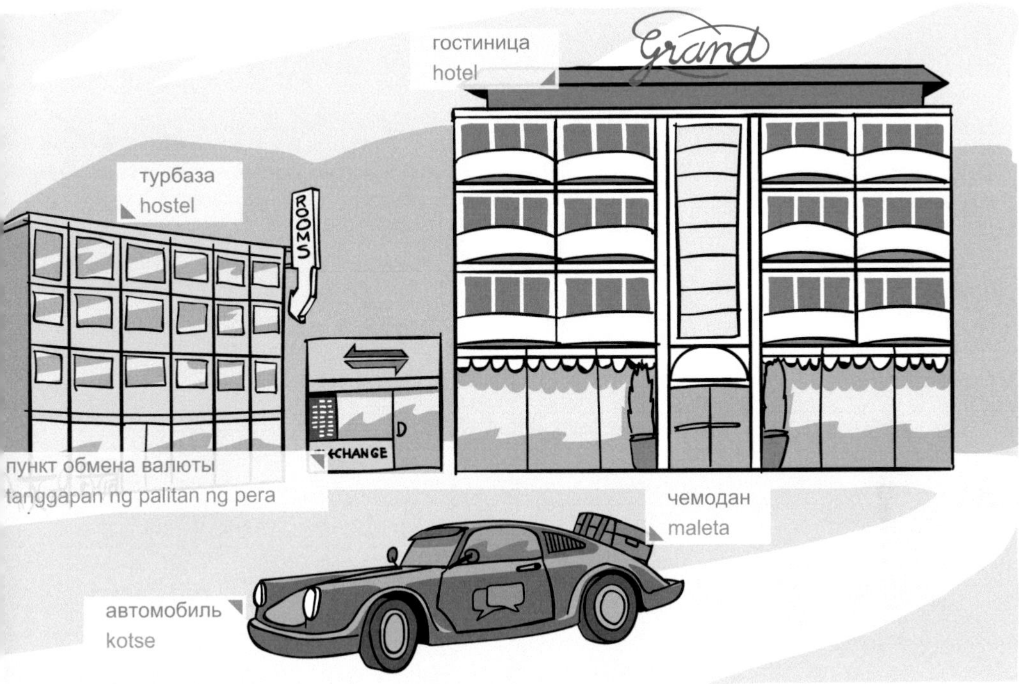
гостиница
hotel
Grand
турбаза
hostel
ROOMS
EXCHANGE
пункт обмена валюты
tanggapan ng palitan ng pera
чемодан
maleta
автомобиль
kotse

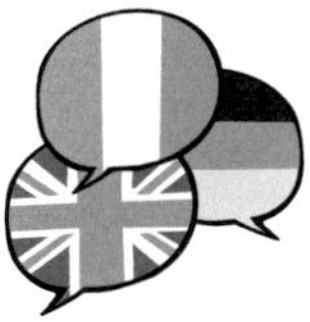

язык

wika

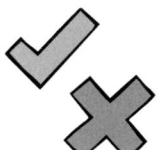

да / нет

oo / hindi

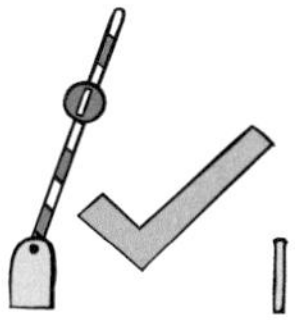

хорошо

Okey

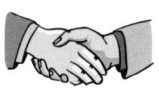

Привет

kumusta

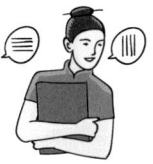

переводчик

tagapagsalin

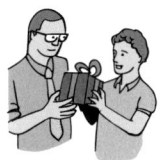

Спасибо

Salamat

Сколько стоит…?

magkano ang…?

Я не понимаю

Hindi ko maintindihan

проблема

problema

Добрый вечер!

Magandang gabi!

Доброе утро!

Magandang umaga!

Доброй ночи!

Magandang gabi!

До свидания

paalam

направление

direksyon

багаж

bahage

сумка

bag

рюкзак

napsak

гость

panauhin

комната

silid

спальный мешок

sakong tulugan

палатка

tolda

туристическая
информация
impormasyon ng turista

пляж
dalampasigan

кредитная карточка
credit card

завтрак
almusal

обед
tanghalian

ужин
hapunan

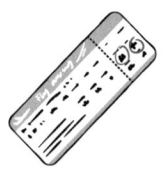

билет
tiket

лифт
elebeytor

почтовая марка
selyo

граница
hangganan

таможня
adwana

посольство
embahada

виза
visa

паспорт
pasaporte

путешествие - paglalakbay

транспорт
transportasyon

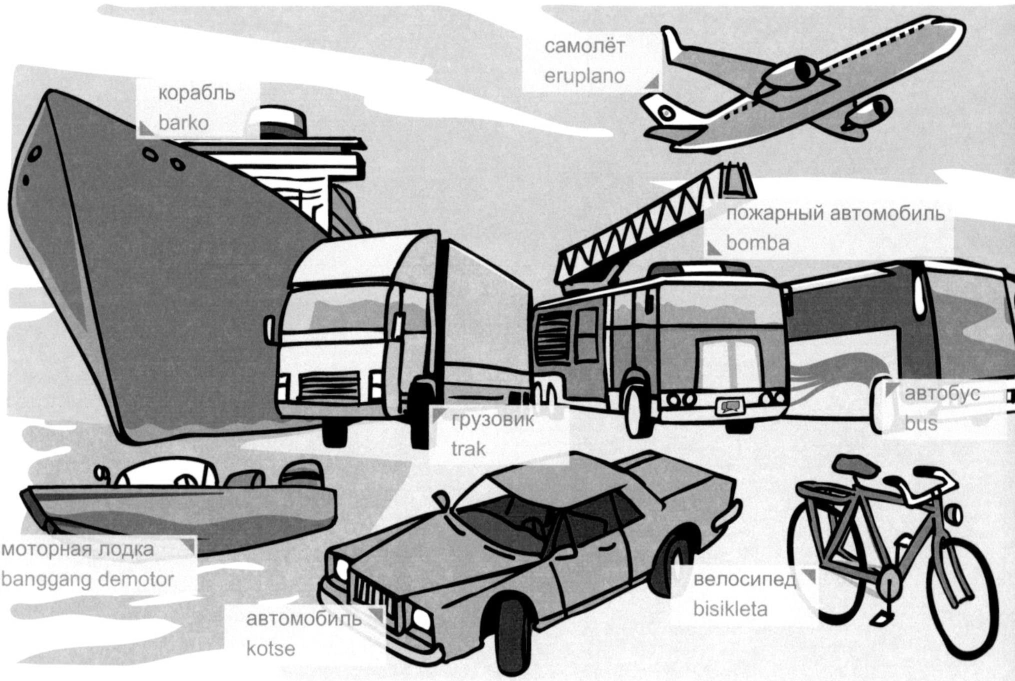

самолёт
eruplano

корабль
barko

пожарный автомобиль
bomba

грузовик
trak

автобус
bus

моторная лодка
banggang demotor

велосипед
bisikleta

автомобиль
kotse

паром

lantsang pantawid

лодка

bangka

мотоцикл

motorsiklo

полицейский автомобиль

sasakyan ng pulis

гоночный автомобиль

kotseng pangkarera

арендованный
автомобиль
nirerentahang kotse

совместное пользование
автомобилями

car sharing

буксировочный
автомобиль
trak na panghila

мусоровоз

trak na pantapon ng basura

двигатель

motor

топливо

panggatong

заправка

gasolinahan

дорожный знак

karatula ng trapiko

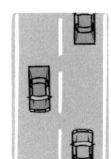

движение

trapiko

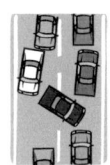

пробка

masikip na trapiko

автостоянка

paradahan ng kotse

вокзал

estasyon ng tren

рельсы

riles

поезд

tren

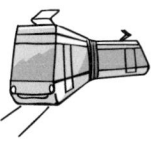

трамвай

trambya

вагон

wagon

вертолёт

helikopter

аэропорт

paliparan

вышка

tore

пассажир

pasahero

контейнер

sisidlan

коробка

karton

тележка

kariton

корзина

basket

взлетать / приземляться

umalis / lumapag

город

lungsod

деревня

nayon

центр города

sentro ng lungsod

дом

bahay

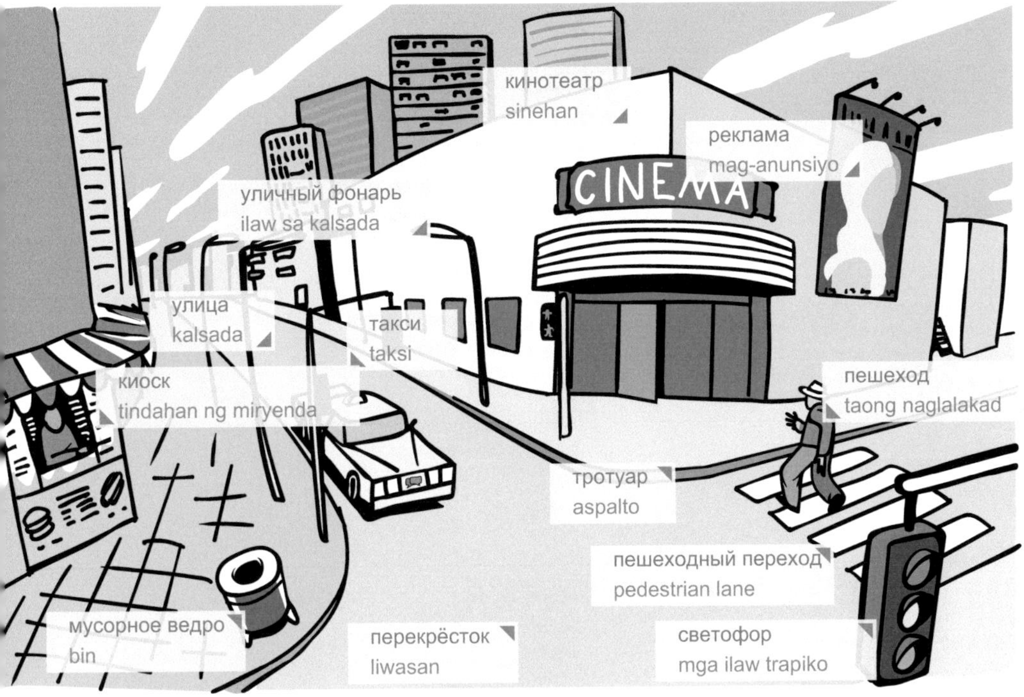

кинотеатр
sinehan

реклама
mag-anunsiyo

уличный фонарь
ilaw sa kalsada

улица
kalsada

такси
taksi

киоск
tindahan ng miryenda

пешеход
taong naglalakad

тротуар
aspalto

пешеходный переход
pedestrian lane

мусорное ведро
bin

перекрёсток
liwasan

светофор
mga ilaw trapiko

хижина

kubo

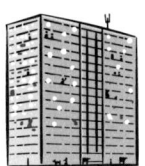

квартира

patag

вокзал

estasyon ng tren

ратуша

munisipyo

музей

museo

школа

paaralan

университет

unibersidad

банк

bangko

больница

ospital

гостиница

hotel

аптека

parmasya

офис

opisina

книжный магазин

tindahan ng aklat

магазин

tindahan

цветочный магазин

tindahan ng bulaklak

супермаркет

supermarket

рынок

palengke

универмаг

department store

торговец рыбой

tindahan ng isda

торговый центр

sentrong pamilihan

порт

daungan

парк

parke

скамейка

bangko

мост

tulay

лестница

hagdan

метро

underground

тоннель

tunel

автобусная остановка

hintuan ng bus

бар

bar

ресторан

restawran

почтовый ящик

kahon ng koreo

табличка с названием
улицы

karatula sa kalsada

паркометр

metro ng paradahan

зоопарк

zoo

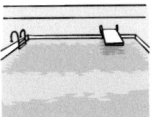

бассейн

swimming pool

мечеть

moske

ферма

bukid

загрязнение окружающей среды

polusyon

кладбище

libingan

церковь

simbahan

детская площадка

palaruan

храм

templo

ландшафт
tanawin

лист
dahon

дорожный указатель
posteng pananda

дорога
daan

луг
parang

камень
bato

путешественник
hiker

дерево
kahoy

река
ilog

трава
damo

цветок
bulaklak

долина

lambak

гора

burol

озеро

look

лес

kagubatan

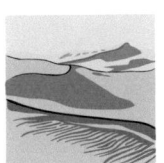

пустыня

disyerto

вулкан

bulkan

замок

kastilyo

радуга

bahaghari

гриб

kabute

пальма

palmera

комар

lamok

муха

langaw

муравей

langgam

пчела

bubuyog

паук

gagamba

жук

salagubang

лягушка

palaka

белка

ardilya

еж

parkupino

заяц

liyebre

сова

kuwago

птица

ibon

лебедь

sisne

кабан

bulugan

олень

usa

лось

moose

плотина

dam

ветряной генератор

turbina ng hangin

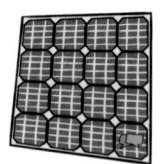

солнечная батарея

solar panel

климат

klima

ресторан

restawran

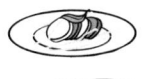

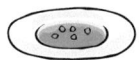

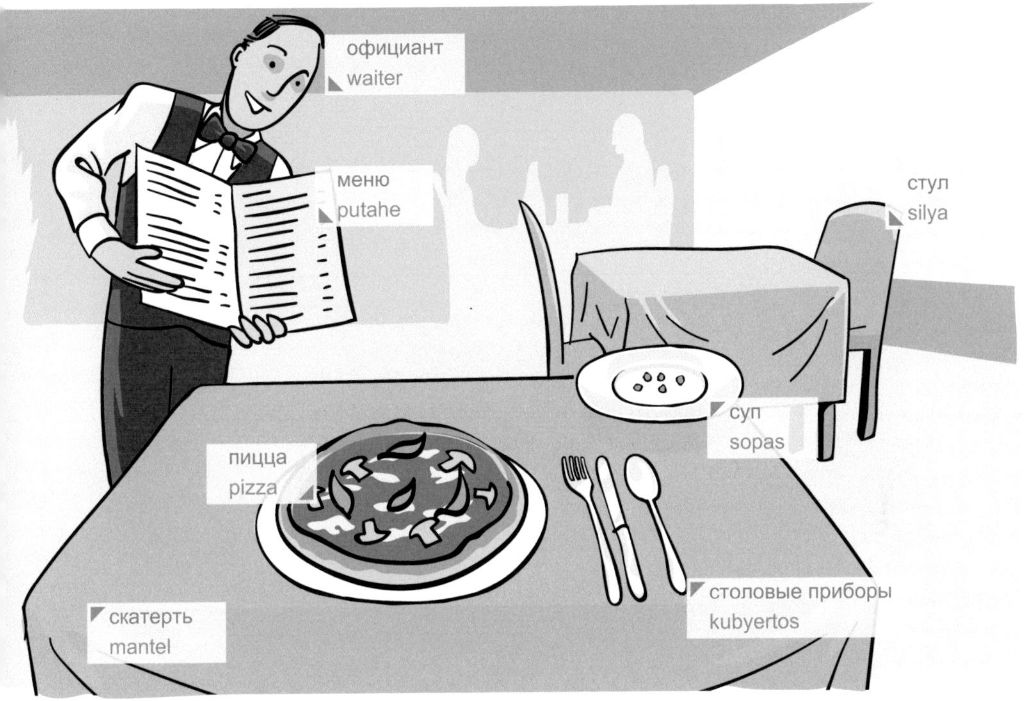
официант
waiter
меню
putahe
стул
silya
суп
sopas
пицца
pizza
столовые приборы
kubyertos
скатерть
mantel

закуска

panimula

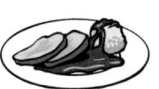

главное блюдо

pangunahing pagkain

десерт

panghimagas

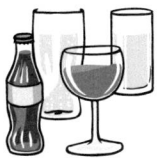

напитки

inumin

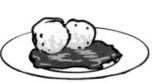

еда

pagkain

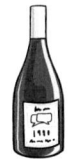

бутылка

bote

фастфуд

fastfood

уличная еда

pagkaing kalye

чайник

tsarera

сахарница

panutsa

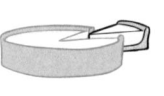

порция

bahagi

кофеварка

espresso machine

детский стульчик

mataas na upuan

счет

bayarin

поднос

bandehado

нож

kutsilyo

вилка

tinidor

ложка

kutsara

чайная ложка

kutsarita

салфетка

serviette

стакан

baso

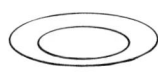

тарелка

pinggan

суповая тарелка

platong pansopas

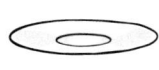

блюдце

platito

соус

sawsawan

солонка

pangkalog ng asin

мельница для перца

panggiling ng paminta

уксус

suka

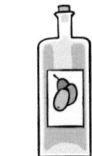

масло

langis

специи

pampalasa

кетчуп

ketsup

горчица

mustasa

майонез

mayonnaise

супермаркет
supermarket

специальное предложение
espesyal na alok
FOR
покупатель
kustomer
молочные продукты
produktong mantikilya
фрукты
prutas
тележка для покупок
troli

BUTCHERS

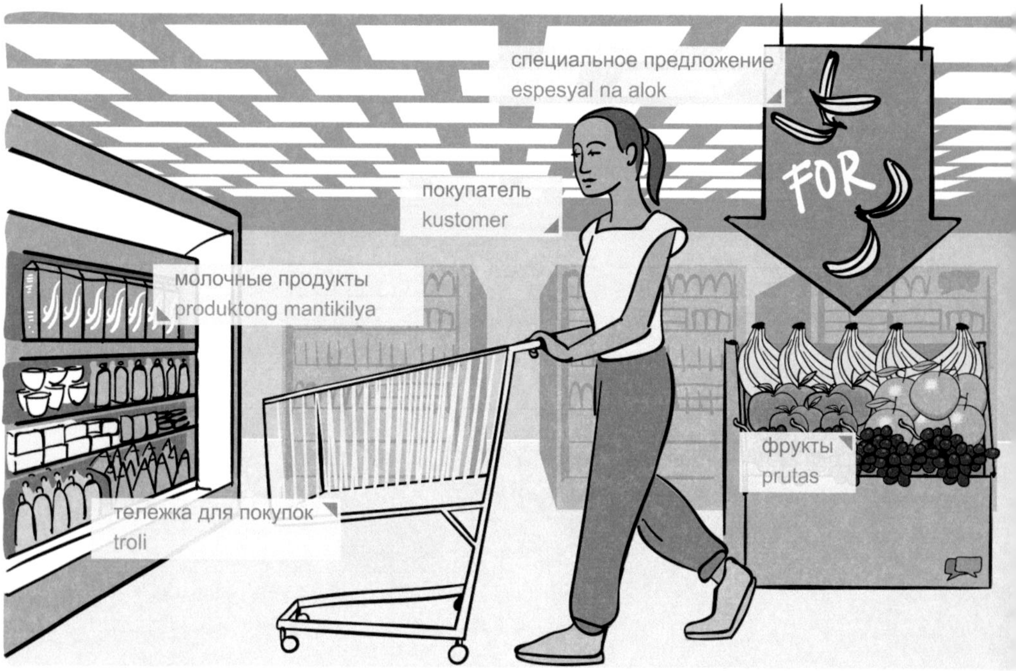

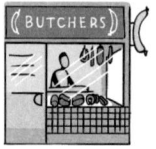

мясной магазин

butser

BAKERY

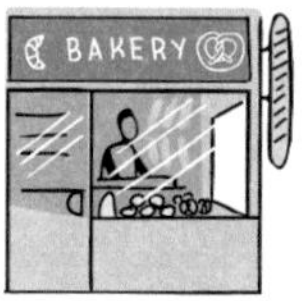

пекарня

panaderya

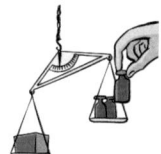

взвешивать

timbang

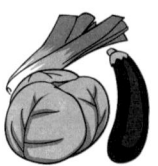

овощи

mga gulay

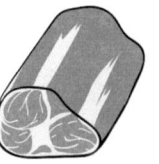

мясо

karne

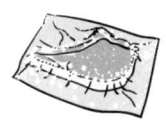

быстрозамороженные продукты

pinalamig na pagkain

нарезка

malamig na karne

консервы

delatang pagkain

стиральный порошок

pulbos na panlaba

сладости

matatamis

предмет домашнего обихода

mga produktong pambahay

моющее средство

mga produktong panlinis

продавщица

tindera

касса

cash register

кассир

kahera

список покупок

listahan ng pinamili

время работы

oras ng pagbubukas

бумажник

pitaka

кредитная карточка

credit card

сумка

bag

полиэтиленовый пакет

plastik bag

вода

tubig

сок

juice

молоко

gatas

кока-кола

coke

вино

alak

пиво

serbesa

алкоголь

alak

какао

kakaw

чай

tsaa

кофе

kape

эспрессо

espresso

капучино

cappuccino

банан

saging

яблоко

mansanas

апельсин

kahel

арбуз

melon

лимон

limon

морковь

carrot

чеснок

bawang

бамбук

kawayan

лук

sibuyas

гриб

kabute

орехи

mani

лапша

noodles

спагетти

spaghetti

рис

bigas

салат

ensalada

картофель фри

chips

жареный картофель

pritong patatas

пицца

pizza

гамбургер

hamburger

сэндвич

sandwich

шницель

piraso ng karneng walang buto

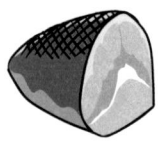

ветчина

hamon

салями

salami

колбаса

tsoriso

курица

manok

жаркое

inihaw

рыба

isda

овсяные хлопья

mga porridge oat

мюсли

muesli

кукурузные хлопья

cornflakes

мука

harina

круассан

croissant

булочка

rolyong tinapay

хлеб

tinapay

тост

tostado

печенье

biskuwit

масло

mantikilya

творог

keso

пирог

keyk

яйцо

itlog

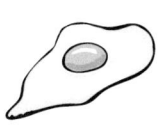

яичница

pritong itlog

сыр

keso

мороженое

sorbetes

сахар

asukal

мёд

pulot

мармелад

jam

крем с нугой

tsokolateng pinapahid

карри

curry

ферма
bukid

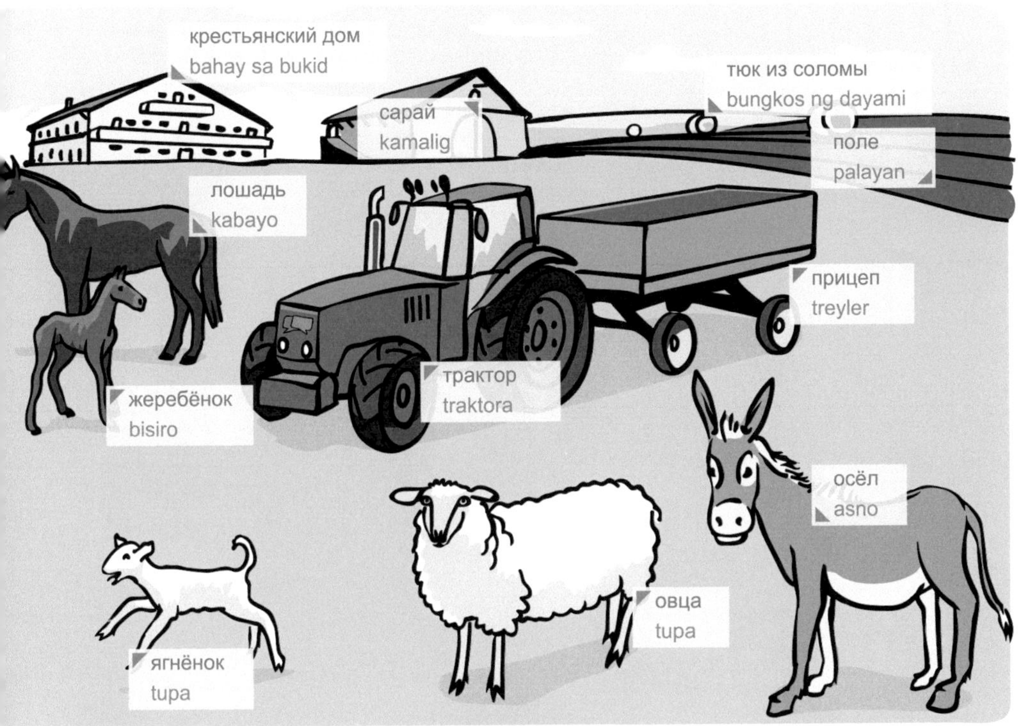
крестьянский дом
bahay sa bukid
тюк из соломы
bungkos ng dayami
сарай
kamalig
поле
palayan
лошадь
kabayo
прицеп
treyler
трактор
traktora
жеребёнок
bisiro
осёл
asno
овца
tupa
ягнёнок
tupa

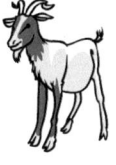

коза

kambing

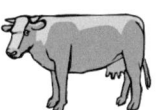

корова

baka

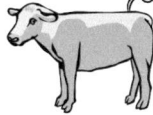

телёнок

guya

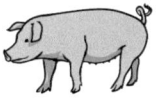

свинья

baboy

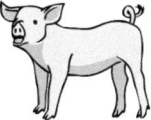

поросёнок

biik

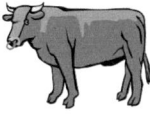

бык

toro

гусь

gansa

утка

pato

цыплёнок

sisiw

курица

inahin

петух

katyaw

крыса

daga

кошка

pusa

мышь

daga

вол

kapong baka

собака

aso

конура

bahay ng aso

садовый шланг

hose sa hardin

лейка

latang pandilig

коса

haras

плуг

araro

серп

karit

мотыга

asarol

навозные вилы

tuhugin

топор

palakol

тачка

karitela

корыто

sabsaban

бидон для молока

lata ng gatas

мешок

sako

забор

bakod

хлев

kuwadra

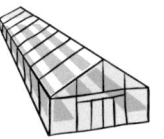

теплица

punlaan

почва

lupa

посев

buto

удобрение

pataba

комбайн

combine harvester

собирать урожай

mag-ani

урожай

ani

ямс

yams

пшеница

trigo

соя

soya

картофель

patatas

кукуруза

mais

рапс

rapeseed

фруктовое дерево

kahoy na namumunga

маниок

kamoteng kahoy

злаки

siryal

дом
bahay

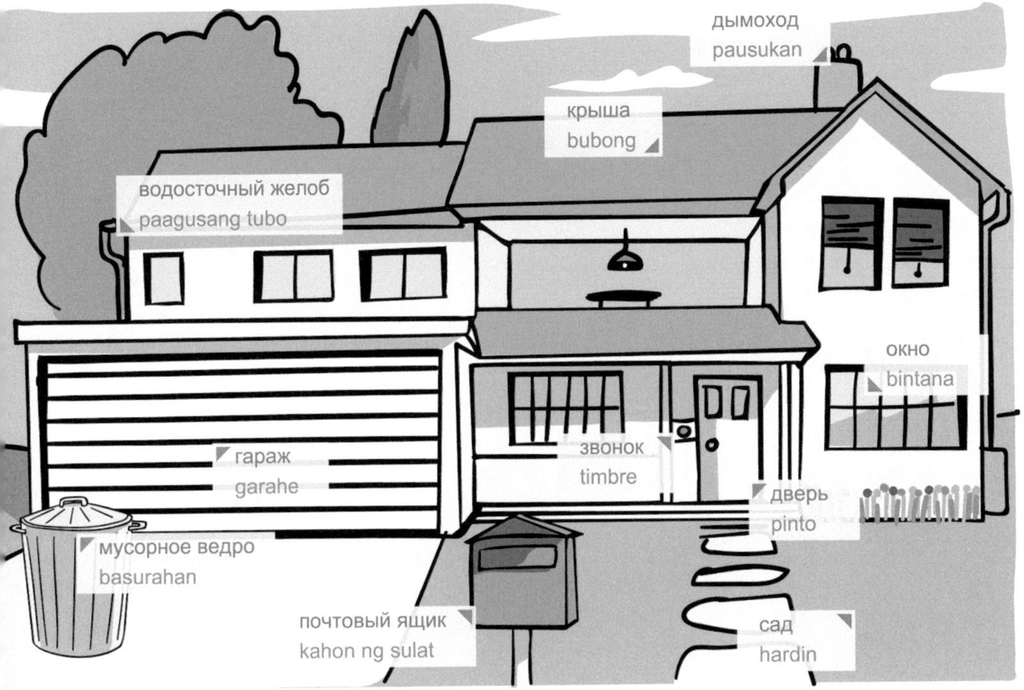

дымоход
pausukan
крыша
bubong
водосточный желоб
paagusang tubo
окно
bintana
гараж
garahe
звонок
timbre
дверь
pinto
мусорное ведро
basurahan
почтовый ящик
kahon ng sulat
сад
hardin

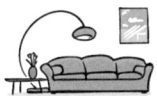

гостиная

salas

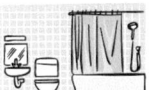

ванная комната

palikuran

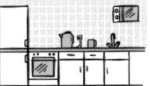

кухня

kusina

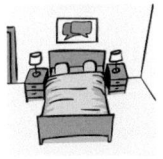

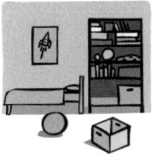

спальня

silid-tulugan

детская комната

silid ng bata

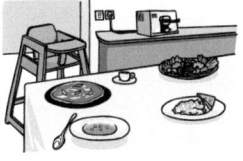

столовая

hapag-kainan

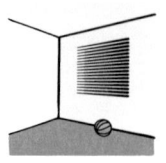

пол

sahig

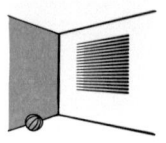

стена

pader

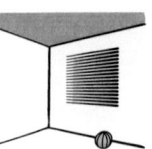

потолок

kisame

подвал

bodega ng alak

сауна

sauna

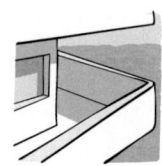

балкон

balkonahe

терраса

terasa

бассейн

pool

газонокосилка

pamputol ng damo

пододеяльник

piraso ng papel

покрывало

kobrekama

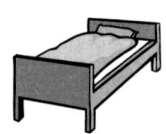

кровать

higaan

метла

walis

ведро

timba

выключатель

pindutan

гостиная
salas

обои
wallpaper
рисунок
litrato
лампа
ilaw
полка
estante
шкаф
kabinet
телевизор
telebisyon
камин
pugon
цветок
bulaklak
подушка
unan
диван
sopa
ваза
plorera
пульт дистанционного управления
remote control

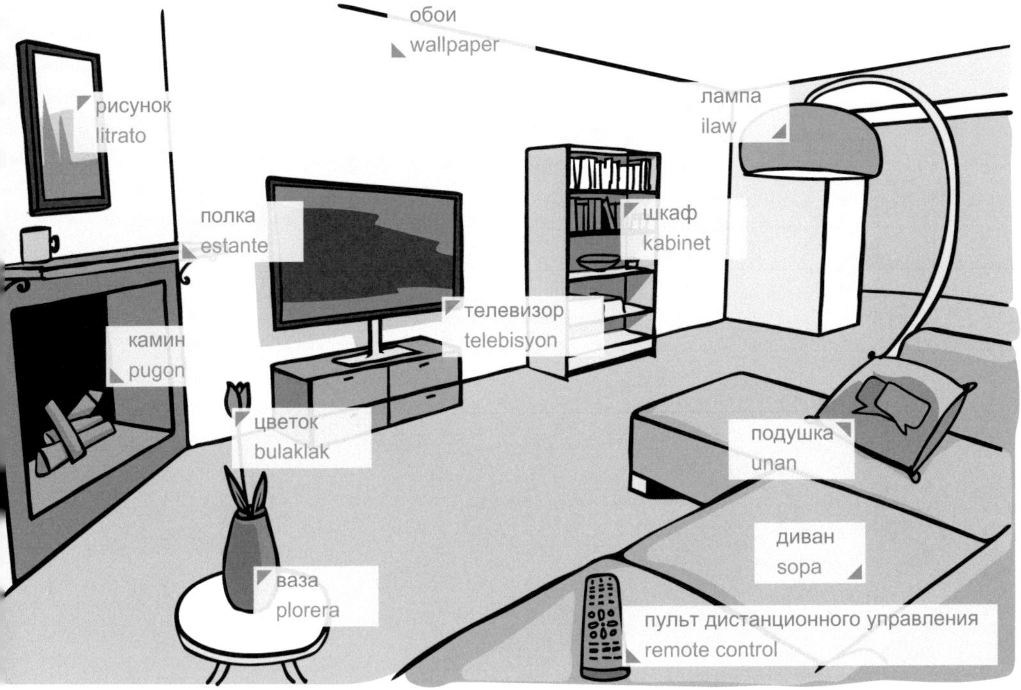

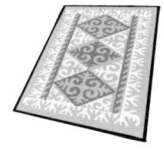

ковёр

karpet

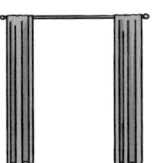

штора

kurtina

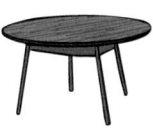

стол

mesa

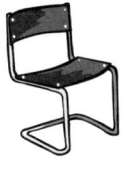

стул

silya

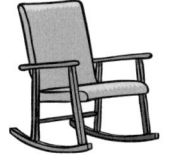

кресло-качалка

tumba-tumba

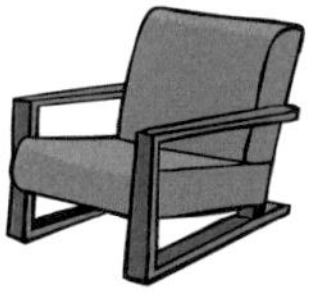

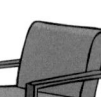

кресло

sandalan

книга

aklat

покрывало

kumot

украшение

dekorasyon

дрова

kahoy na panggatong

фильм

pelikula

стереосистема

hi-fi

ключ

susi

газета

dyaryo

картина

pinta

плакат

poster

радио

radyo

блокнот

kuwaderno

пылесос

vacuum cleaner

кактус

kaktus

свеча

kandila

кухня
kusina

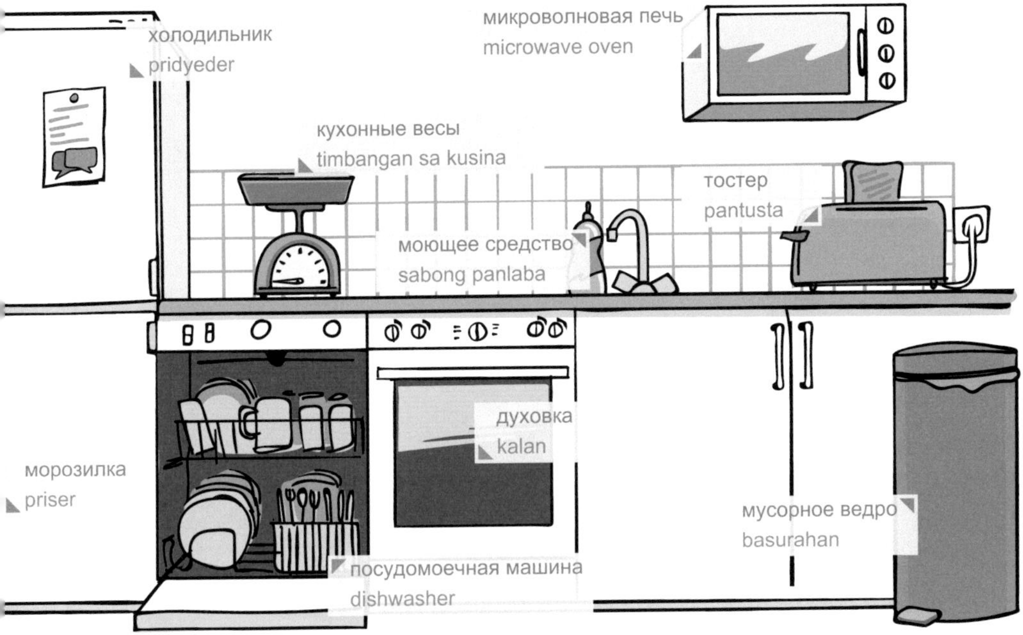
холодильник
pridyeder
микроволновая печь
microwave oven
кухонные весы
timbangan sa kusina
тостер
pantusta
моющее средство
sabong panlaba
духовка
kalan
морозилка
priser
мусорное ведро
basurahan
посудомоечная машина
dishwasher

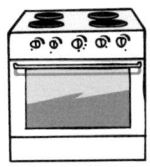

плита

lutuan

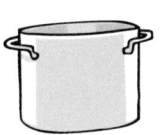

кастрюля

kaldero

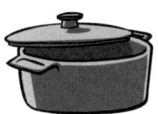

чугунный котелок

kalderong bakal

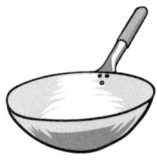

вок / кадай

wok / kadai

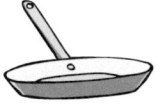

сковорода

kawali

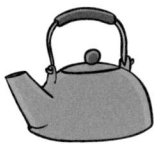

чайник

takore

пароварка

pasingawan

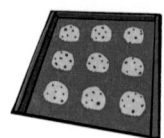

противень

bandehado sa paghuhurno

посуда

babasagin

кружка

mug

миска

mangkok

палочки для еды

sipit ng intsik

половник

sandok

лопатка

spatula

сбивалка

pampalis

сито

pansala

сито

salaan

тёрка

pangkayod

ступка

almires

гриль

barbikyo

костёр

siga

доска

tadtaran

скалка

rodilyo

штопор

tribuson

жестяная банка

lata

консервный нож

pambukas ng lata

прихватка

panghawak ng kaldero

раковина

lababo

щетка

bras

губка

espongha

миксер

blender

морозильная камера

malalim na freezer

бутылочка для кормления

bote ng sanggol

кран

gripo

ванная комната
palikuran

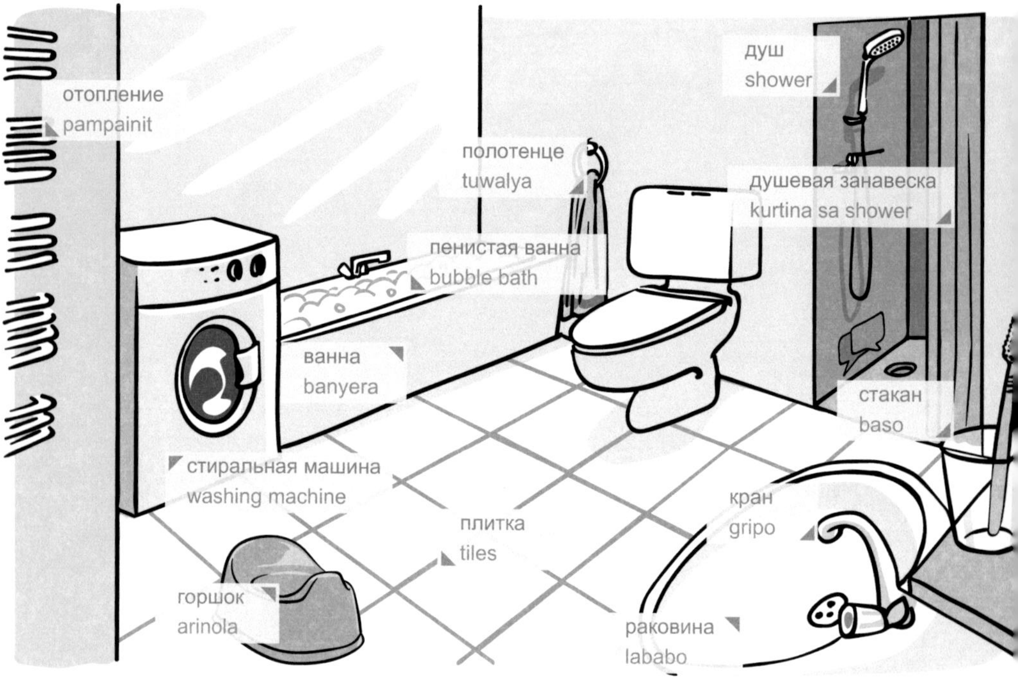

отопление
pampainit
полотенце
tuwalya
душ
shower
душевая занавеска
kurtina sa shower
пенистая ванна
bubble bath
ванна
banyera
стакан
baso
стиральная машина
washing machine
плитка
tiles
кран
gripo
горшок
arinola
раковина
lababo

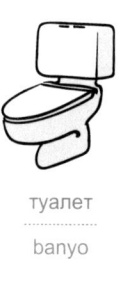

туалет

banyo

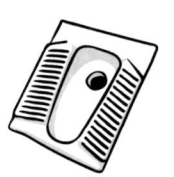

напольный унитаз

squat toilet

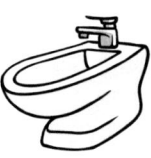

биде

bidet

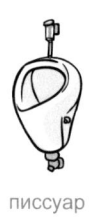

писсуар

ihian

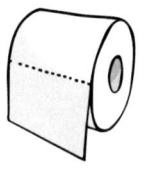

туалетная бумага

toilet paper

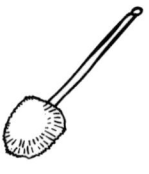

ершик

iskoba sa banyo

зубная щетка

sipilyo

зубная паста

tutpeyst

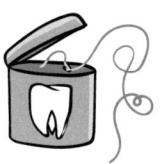

зубная нить

dental floss

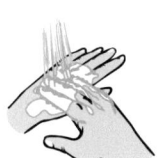

мыть

hugasan

ручной душ

shower na hinahawakan

интимный душ

dutsa

таз

palanggana

щетка для спины

bras panlikod

мыло

sabon

гель для душа

shower gel

шампунь

shampoo

мочалка

pranela

сток

paagusan

крем

krema

дезодорант

deodorant

зеркало

salamin

ручное зеркало

salaming hinahawakan

бритва

pang-ahit

пена для бритья

bulang pang-ahit

лосьон после бритья

aftershave

расческа

suklay

щетка

brush

фен

pantuyo ng buhok

лак для волос

sprey sa buhok

косметика

makeup

губная помада

lipistik

лак для ногтей

pampakintab ng kuko

вата

bulak na lana

маникюрные ножницы

panggupit ng kuko

духи

pabango

косметичка

washbag

табуретка

stool

весы

timbangan

халат

bata

резиновые перчатки

gomang guwantes

тампон

tampon

гигиеническая прокладка

malinis na tuwalya

биотуалет

chemical toilet

детская комната
silid ng bata

будильник
alarm clock
мягкая игрушка
nayayakap na laruan
игрушечный автомобиль
laruang kotse
погремушка
kuliling
кукольный домик
bahay ng manika
подарок
regalo

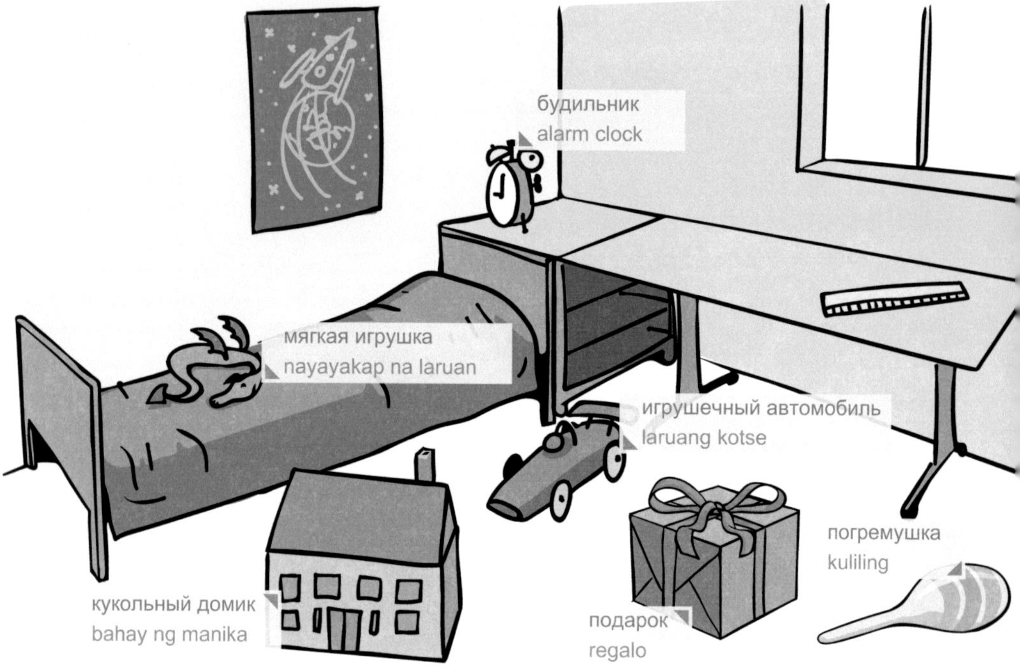

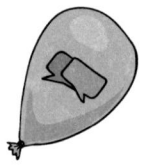

воздушный шар

lobo

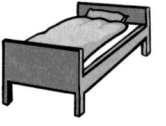

кровать

higaan

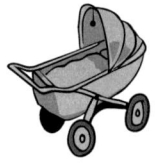

детская коляска

pram

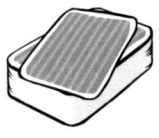

карточная игра

hanay ng mga baraha

пазл

jigsaw

SUPER
MEGA

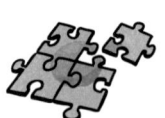

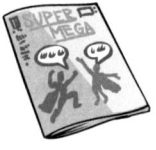

комикс

komiks

кирпичики Лего

lego bricks

кубики

blokeng laruan

игрушечная фигурка

action figure

ползунки

paglaki ng sanggol

фрисби

frisbee

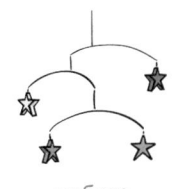

мобиле

mobile

настольная игра

board game

кубик

dice

модель железной дороги

model train set

соска

manikin

вечеринка

salu-salo

книга с картинками

aklat ng mga litrato

мяч

bola

кукла

manika

играть

maglaro

песочница

tibagan ng buhangin

качели

duyan

игрушка

mga laruan

игровая приставка

video game console

трёхколесный велосипед

traysikel

плюшевый медвежонок

teddy bear

шкаф для одежды

aparador

одежда

pananamit

носки

medyas

чулки

stockings

колготки

pampitis

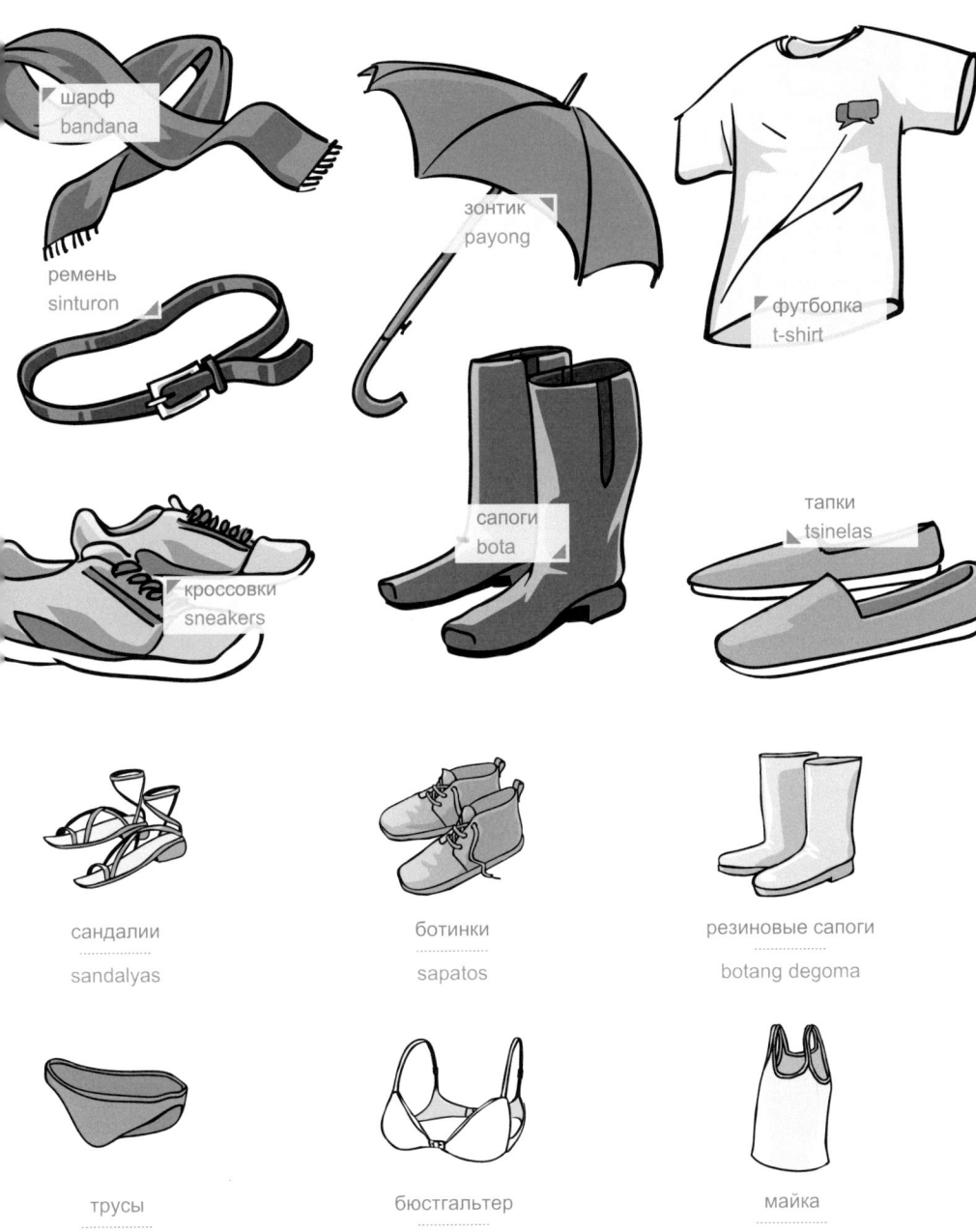

шарф
bandana

зонтик
payong

ремень
sinturon

футболка
t-shirt

сапоги
bota

тапки
tsinelas

кроссовки
sneakers

сандалии
sandalyas

ботинки
sapatos

резиновые сапоги
botang degoma

трусы
salawal

бюстгальтер
bra

майка
tsaleko

боди

katawan

брюки

pantalon

джинсы

jeans

юбка

palda

блузка

blusa

рубашка

kamiseta

свитер

pullover

свитер

panlamig

спортивная куртка

blazer

жакет

diyaket

пальто

kapa

плащ

kapote

костюм

kasuotan

платье

bistida

свадебное платье

damit pangkasal

мужской костюм

terno

ночная сорочка

damit pantulog

пижама

padyama

сари

sari

платок

bandana sa ulo

тюрбан

turban

паранджа

burka

кафтан

kaftan

абайя

abaya

купальник

panlangoy

плавки

trunks

шорты

salawal

спортивный костюм

tracksuit

фартук

apron

перчатки

guwantes

пуговица

butones

очки

salamin

браслет

pulseras

цепочка

kuwintas

кольцо

singsing

серьга

hikaw

шапка

takip

вешалка

sabitan ng kapa

шляпа

sombrero

галстук

kurbata

застежка молния

siper

шлем

helmet

подтяжки

tirante

школьная форма

uniporme sa paaralan

форма

uniporme

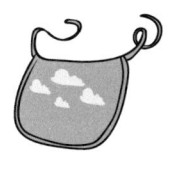

детский нагрудник

bibero

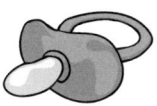

соска

manikin

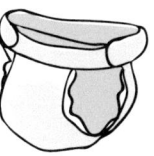

подгузник

lampin

офис

opisina

сервер
server
канцелярский шкаф
kabinet ng file
принтер
printer
бумага
papel
монитор
monitor
мышь
mouse
письменный стол
mesa
папка
polder
клавиатура
keyboard
стул
upuan
корзина для бумаг
basurahan ng papel
компьютер
kompyuter

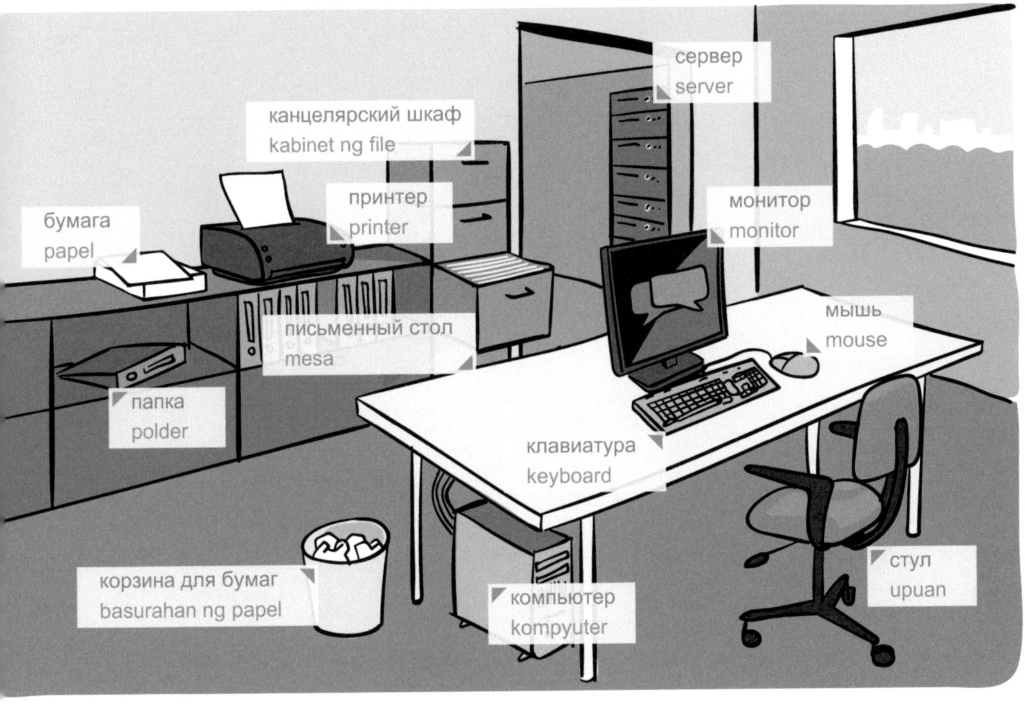

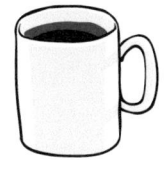

кофейная кружка

tasa ng kape

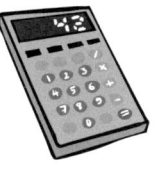

калькулятор

calculator

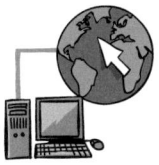

интернет

internet

ноутбук

laptop

письмо

sulat

сообщение

mensahe

мобильный телефон

mobile

сеть

network

ксерокс

photocopier

программа

software

телефон

telepono

розетка

saksakan

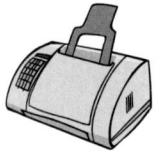

факс

fax machine

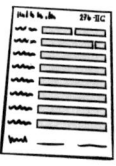

формуляр

anyo

документ

dokumento

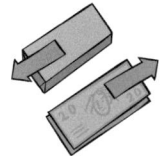

покупать

bumili

платить

magbayad

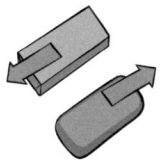

торговать

ikalakal

деньги

pera

доллар

dolyar

евро

euro

иена

yen

рубль

rublo

франк

swiss franc

жэньминьби юань

renminbi yuan

рупия

rupee

банкомат

cash point

пункт обмена валюты

tanggapan ng palitan ng pera

золото

ginto

серебро

tanso

нефть

langis

энергия

enerhiya

цена

presyo

договор

kontrata

налог

buwis

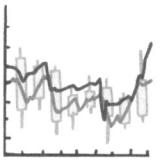

акция

stock

работать

trabaho

служащий

empleyado

работодатель

taga-empleyo

фабрика

pabrika

магазин

tindahan

экономика - ekonomiya

профессии
mga trabaho

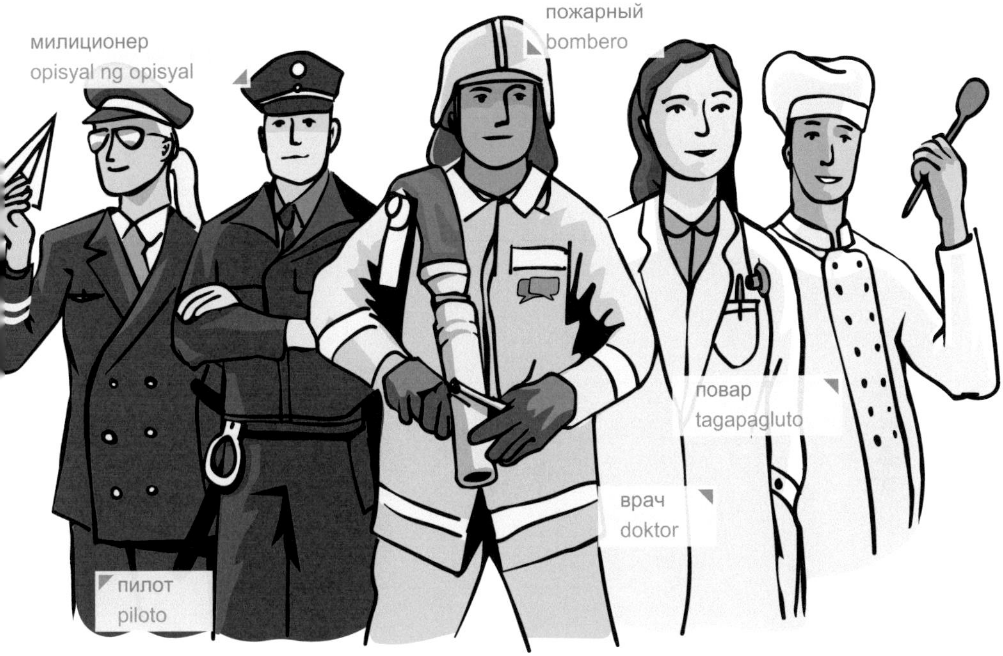
милиционер
opisyal ng opisyal
пожарный
bombero
повар
tagapagluto
врач
doktor
пилот
piloto

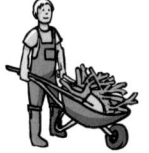

садовник

hardinero

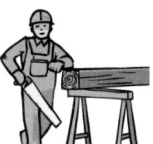

столяр

karpentero

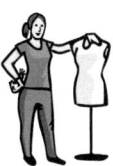

швея

mananahi

судья

hukom

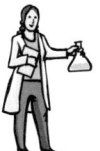

химик

kemiko

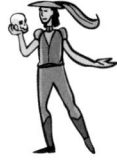

актёр

aktor

водитель автобуса

tsuper ng bus

таксист

tsuper ng taxi

рыбак

mangingisda

уборщица

tagapaglinis

кровельщик

tagapagkabit ng bubong

официант

waiter

охотник

mangangaso

художник

pintor

пекарь

panadero

электрик

elektrisyan

строитель

tagapagtayo

инженер

inhinyero

мясник

magkakarne

сантехник

tubero

почтальон

kartero

солдат

sundalo

архитектор

arkitekto

кассир

kahera

флорист

magtitinda ng bulaklak

парикмахер

manggugupit

кондуктор

konduktor

механик

mekaniko

капитан

kapitan

зубной врач

dentista

ученый

siyentipiko

раввин

rabbi

имам

imam

монах

monghe

священник

klero

инструменты
mga kagamitan

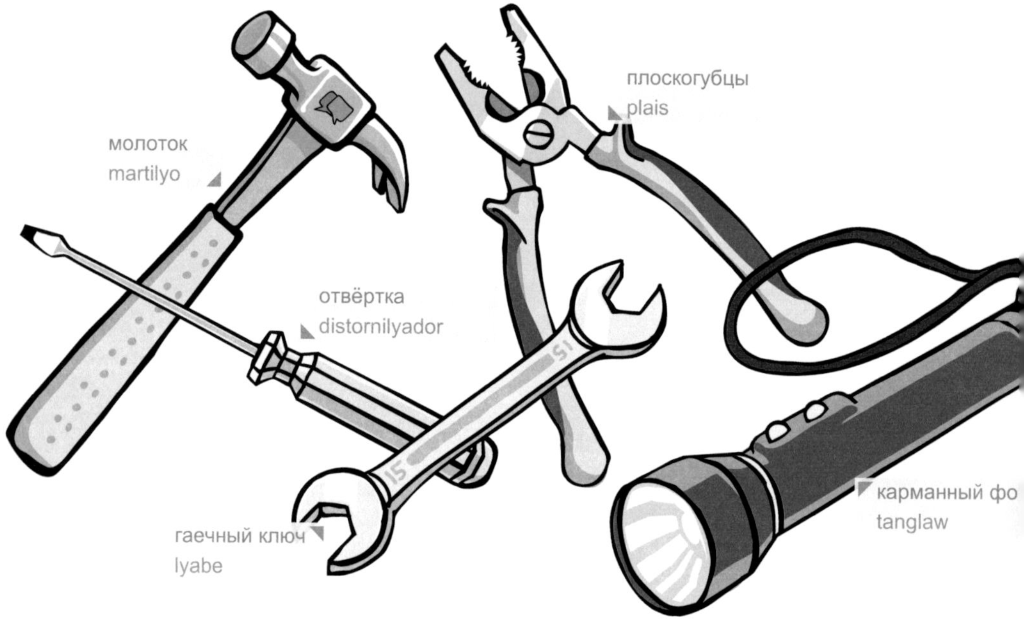
молоток
martilyo
плоскогубцы
plais
отвёртка
distornilyador
гаечный ключ
lyabe
карманный фо
tanglaw

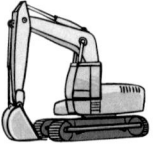

экскаватор

panghukay

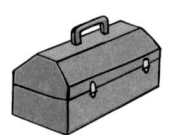

ящик для инструментов

toolbox

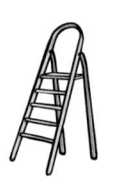

стремянка

hagdan

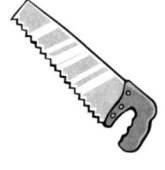

пила

lagari

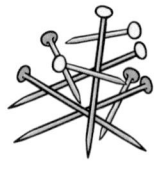

гвозди

mga pako

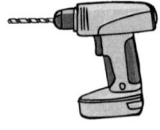

дрель

pambutas

ремонтировать

kumpunihin

лопата

pala

Блин!

Kainis!

совок

pandakot

ведро с краской

palayok ng pintura

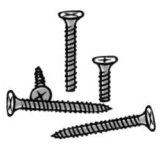

винты

mga tornilyo

музыкальные инструменты
mga pangmusikang instrumento

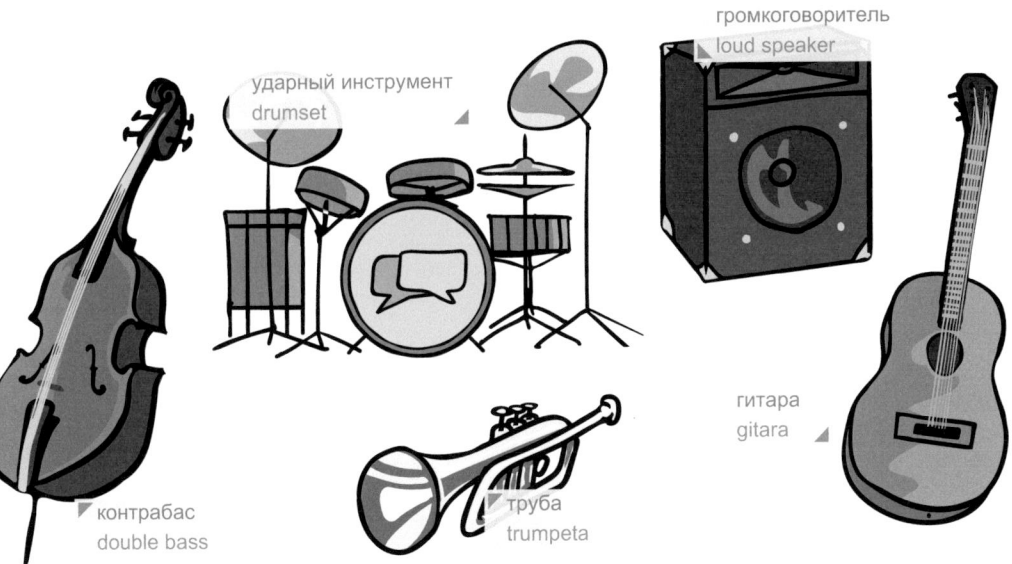

громкоговоритель
loud speaker

ударный инструмент
drumset

гитара
gitara

контрабас
double bass

труба
trumpeta

пианино

piyano

скрипка

biyolin

бас-гитара

bass

литавры

timpani

барабан

mga drum

синтезатор

keyboard

саксофон

saksopon

флейта

plauta

микрофон

mikropono

зоопарк

zoo

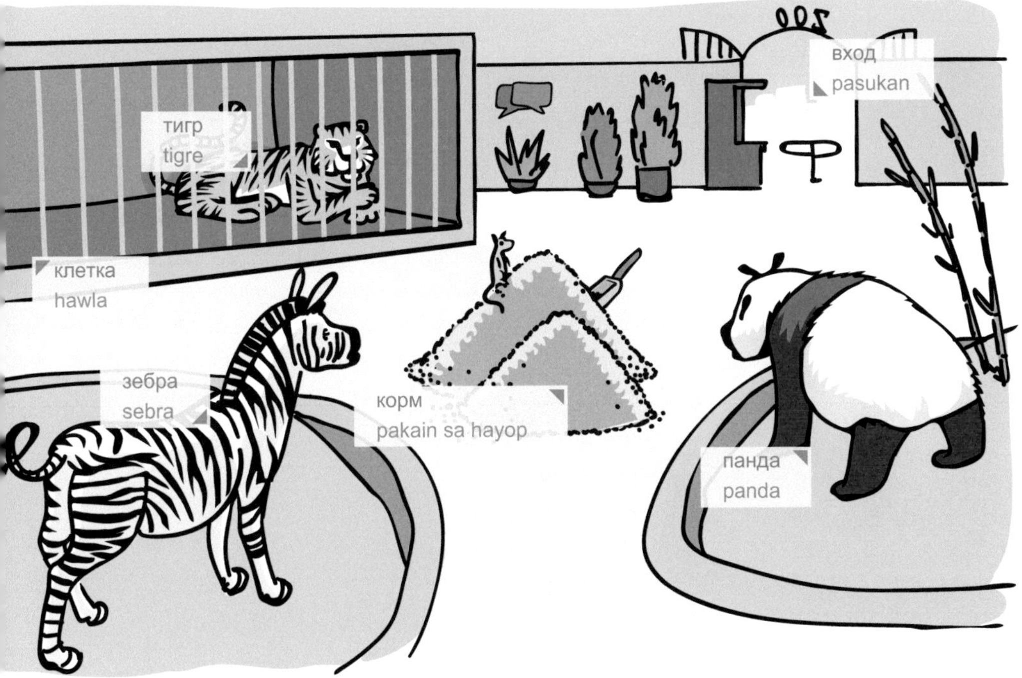

вход
pasukan
тигр
tigre
клетка
hawla
зебра
sebra
корм
pakain sa hayop
панда
panda

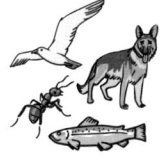

животные

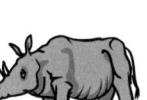

mga hayop

слон

elepante

кенгуру

kanggaro

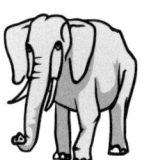

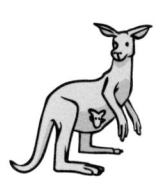

носорог

rhino

горилла

gorilya

медведь

oso

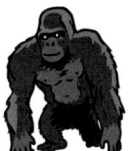

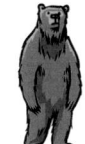

верблюд

kamelyo

страус

ostrich

лев

leon

обезьяна

unggoy

фламинго

flamingo

попугай

loro

белый медведь

polar bear

пингвин

penguin

акула

pating

павлин

paboreal

змея

ahas

крокодил

buwaya

служитель зоопарка

tagapag-alaga ng zoo

тюлень

seal

ягуар

jaguar

пони

buriko

леопард

leopardo

бегемот

hipo

жираф

dyirap

орёл

agila

кабан

bulugan

рыба

isda

черепаха

pagong

морж

walrus

лиса

soro

газель

gasel

спорт

isports

американский футбол
Amerikanong putbol

езда на велосипеде
pamimisikleta

теннис
tennis

баскетбол
basketbol

плавание
paglalangoy

бокс
boksing

хоккей
ice-hockey

футбол

soccer

бадминтон

badminton

лёгкая атлетика

atletiks

гандбол

handball

лыжный спорт

skiing

поло

polo

действия
mga aktibidad

прыгать
tumalon
обнимать
yakapin
смеяться
tumawa
идти
lumakad
петь
kumanta
мечтать
mangarap
молиться
magdasal
целовать
halikan

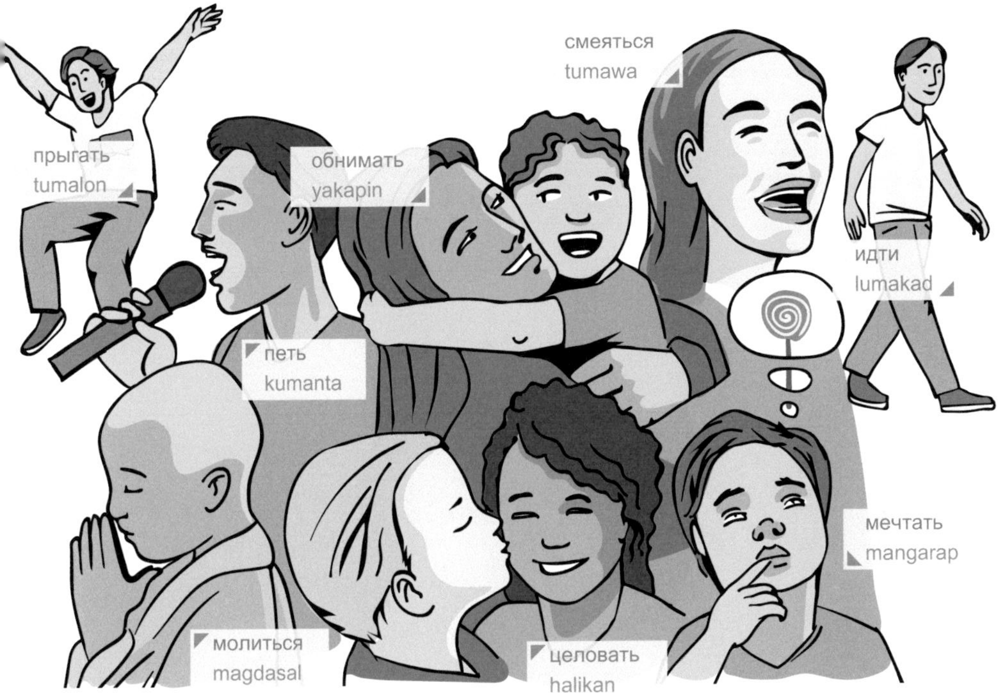

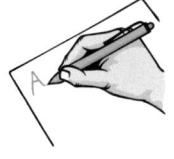

писать
sumulat

рисовать
gumuhit

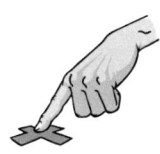

показывать
ipakita

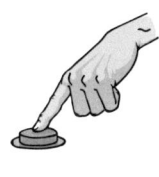

нажимать
itulak

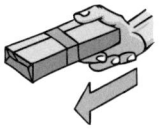

давать
magbigay

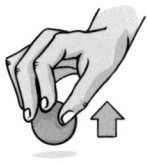

брать
kunin

иметь

magkaroon

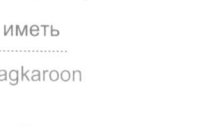

делать

gawin

быть

maging

стоять

tumayo

бежать

tumakbo

тянуть

hilahin

бросать

itapon

падать

malaglag

лежать

mahiga

ждать

hintayin

носить

dalhin

сидеть

umupo

надевать

magbihis

спать

matulog

просыпаться

gumising

рассматривать

tumingin

плакать

umiyak

гладить

estilo

причесывать

magsuklay

говорить

magsalita

понимать

intindihin

спрашивать

magtanong

слушать

makinig

пить

uminom

кушать

kumain

наводить порядок

linisin

любить

mahal

готовить

magluto

ехать

magmaneho

летать

lumipad

ходить под парусом

maglayag

считать

kalkulahin

читать

basahin

учиться

matuto

работать

trabaho

вступать в брак

pakasalan

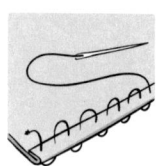

шить

tahiin

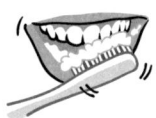

чистить зубы

magsipilyo ng ngipin

убивать

patayin

курить

manigarilyo

отправлять

magpadala

семья

pamilya

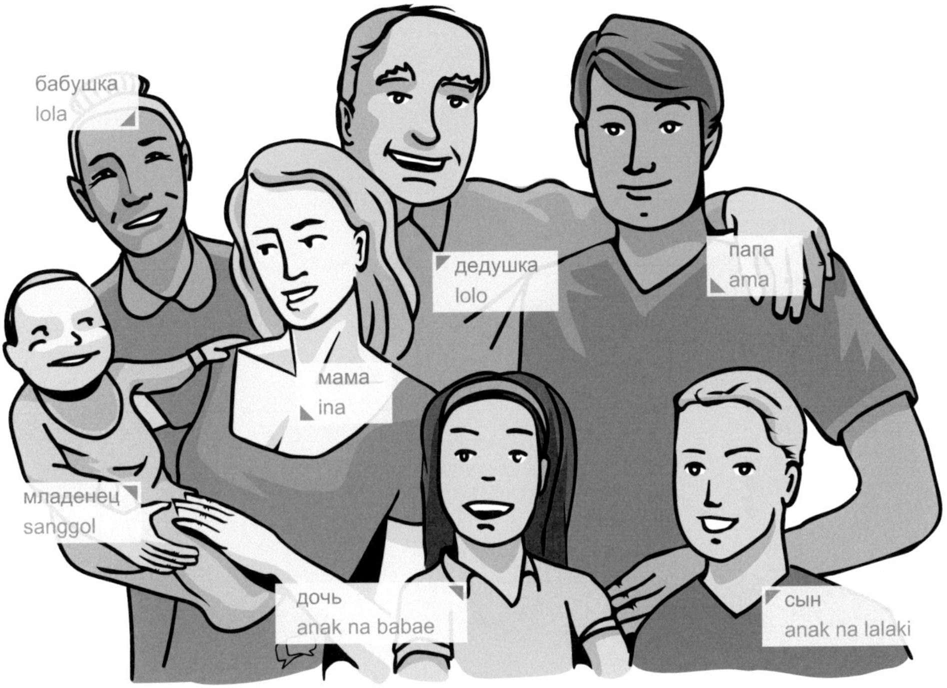

бабушка
lola
дедушка
lolo
папа
ama
мама
ina
младенец
sanggol
дочь
anak na babae
сын
anak na lalaki

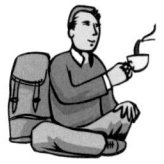

гость
panauhin

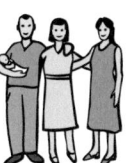

тетя
tiya

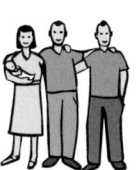

дядя
tiyo

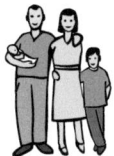

брат
kuya

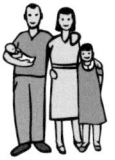

сестра
ate

тело

katawan

лоб
noo
глаз
mata
плечо
balikat
палец
daliri
лицо
mukha
подбородок
baba
кисть
kamay
нога
binti
грудь
suso
рука
bisig

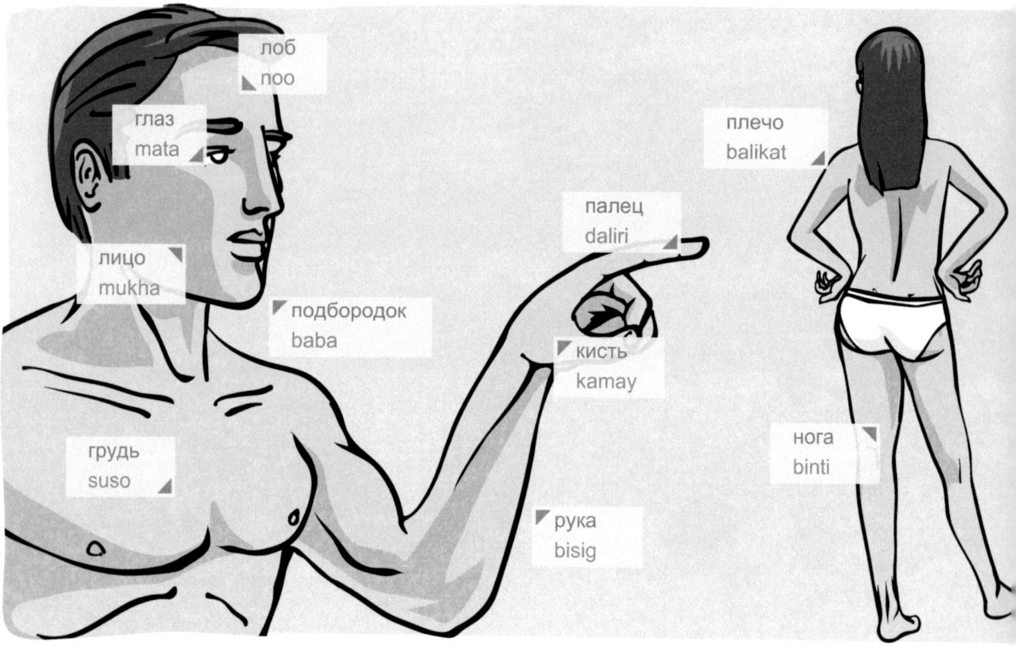

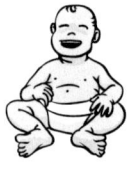

младенец

sanggol

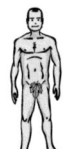

мужчина

lalaki

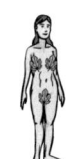

женщина

babae

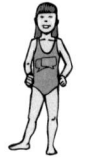

девочка

batang babae

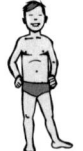

мальчик

batang lalaki

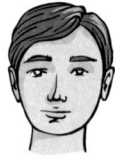

голова

ulo

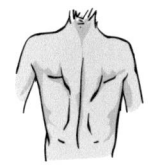

спина

likod

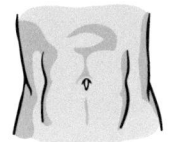

живот

tiyan

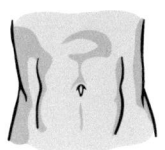

пупок

pusod

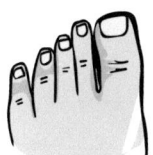

палец ноги

daliri ng paa

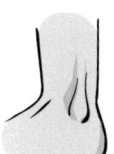

пятка

takong

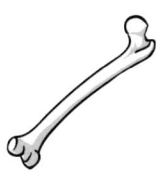

кость

buto

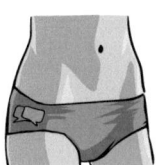

бедро

balakang

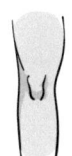

колено

tuhod

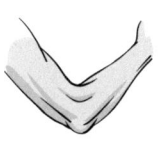

локоть

siko

нос

ilong

ягодицы

gitna

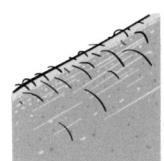

кожа

balat

щека

pisngi

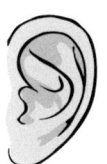

ухо

tainga

губа

labi

рот

bibig

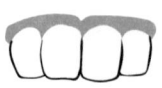

зуб

ngipin

язык

dila

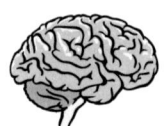

мозг

utak

сердце

puso

мышца

kalamnan

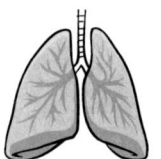

лёгкое

baga

печень

atay

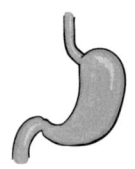

желудок

sikmura

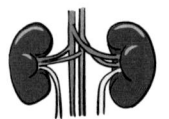

почки

mga bato

половой акт

pagtatalik

презерватив

kondom

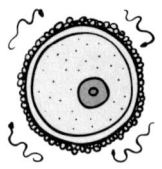

яйцеклетка

obyum

сперма

semen

беременность

pagbubuntis

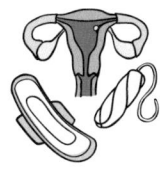

менструация

pagreregla

вагина

vagina

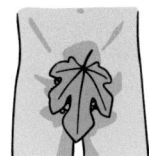

пенис

ari ng lalaki

бровь

kilay

волосы

buhok

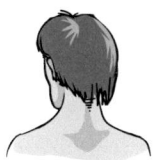

шея

leeg

больница

ospital

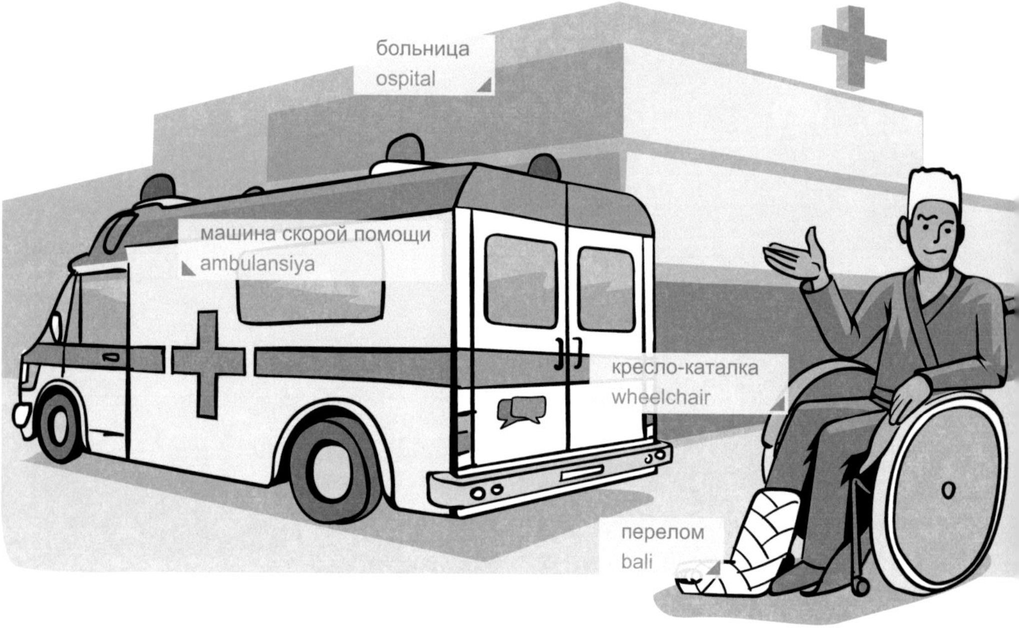

больница
ospital
машина скорой помощи
ambulansiya
кресло-каталка
wheelchair
перелом
bali

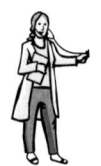

врач

doktor

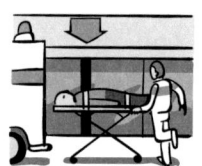

пункт первой помощи

silid pang-emergency

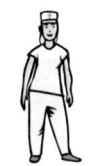

медсестра

nars

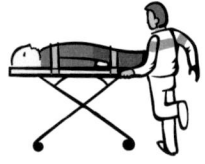

неотложный случай

emerhensiya

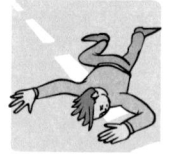

без сознания

walang malay

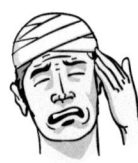

боль

pananakit

повреждение

pinsala

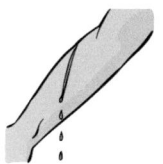

кровотечение

nagdurugo

инфаркт

atake sa puso

инсульт

atake serebral

аллергия

alerdye

кашель

ubo

овышенная температура

lagnat

грипп

trangkaso

понос

pagdudumi

головная боль

sakit ng ulo

рак

kanser

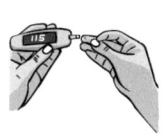

диабет

diyabetis

хирург

siruhano

скальпель

iskalpel

операция

operasyon

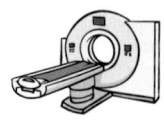

КТ

CT

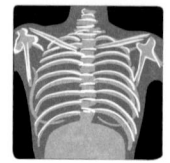

рентген

x-ray

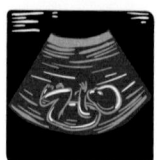

ультразвук

ultrasound

маска

maskara sa mukha

болезнь

sakit

приёмная

silid-antayan

костыль

saklay

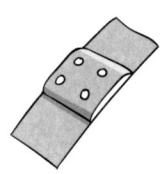

пластырь

plaster

бинт

benda

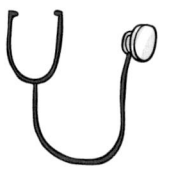

укол

iniksyon

стетоскоп

istetoskopyo

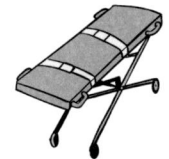

носилки

estretser

термометр

klinikal na termometro

рождение

pagsilang

избыточный вес

labis sa timbang

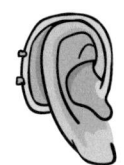

слуховой аппарат

hearing-aid

дезинфекционное средство

pang-disimpekta

инфекция

impeksyon

вирус

bayrus

ВИЧ / СПИД

HIV / AIDS

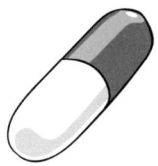

лекарство

medisina

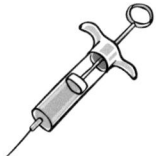

прививка

bakuna

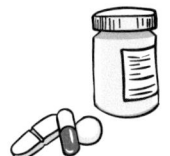

таблетки

mga tableta

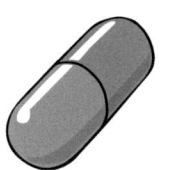

противозачаточная таблетка

tabletas

экстренный вызов

emergency na tawag

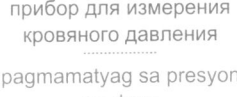

прибор для измерения кровяного давления

pagmamatyag sa presyon ng dugo

больной / здоровый

may sakit / malusog

Помогите!

Tulong!

сигнал тревоги

alarma

нападение

asulto

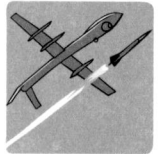

атака

atake

опасность

panganib

запасной выход

labasang pang-emergency

Пожар!

Sunog!

огнетушитель

fire extinguisher

несчастный случай

aksidente

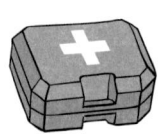

аптечка

kagamitan sa paunang
lunas

SOS

SOS

милиция

pulis

Европа

Europa

Северная Америка

Hilagang Amerika

Южная Америка

Timog Amerika

Африка

Aprika

Азия

Asya

Австралия

Australia

Атлантический океан

Atlantika

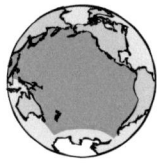

Тихий океан

Pasipiko

Индийский океан

Dagat Indiano

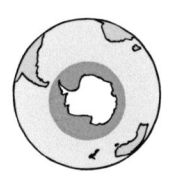

Антарктический океан

Dagat Antarktika

Северный Ледовитый
океан

Dapat Arktika

Северный полюс

Hilagang polo

Южный полюс

Timog polo

Антарктика

Antartika

земля

mundo

суша

lupa

море

dagat

остров

isla

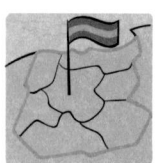

нация

bansa

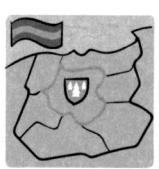

государство

estado

циферблат

mukha ng orasan

часовая стрелка

orasang kamay

минутная стрелка

minutong kamay

секундная стрелка

segundong kamay

Который час?

Anong oras na?

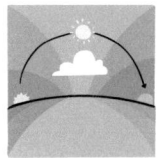

день

araw

время

oras

сейчас

ngayon

электронные часы

digital na relo

минута

minuto

час

oras

неделя
linggo

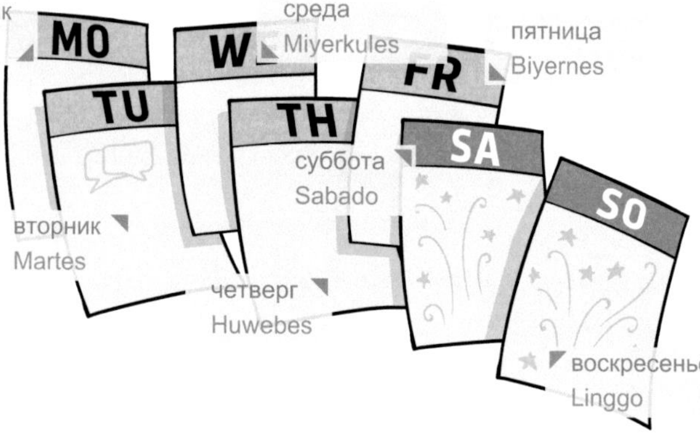

понедельник
Lunes

MO

среда
Miyerkules

W

пятница
Biyernes

TU

TH

FR

суббота
Sabado

SA

вторник
Martes

SO

четверг
Huwebes

воскресенье
Linggo

вчера

kahapon

сегодня

ngayon

завтра

bukas

утро

umaga

полдень

tanghali

вечер

gabi

рабочие дни

mga araw ng negosyo

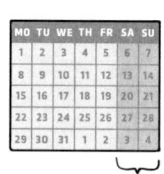

выходные

katapusan ng linggo

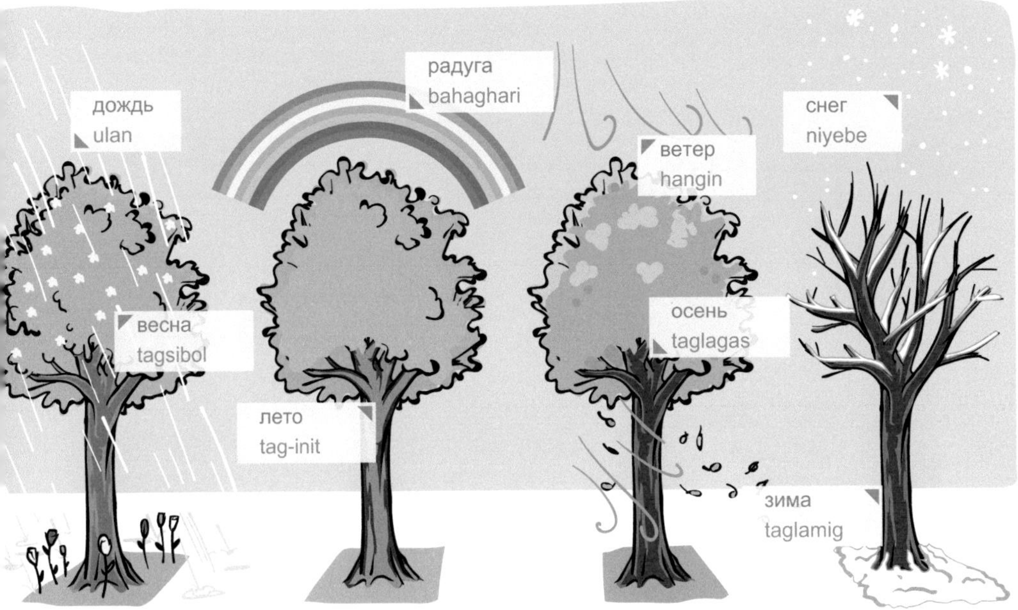

дождь
ulan

радуга
bahaghari

ветер
hangin

снег
niyebe

весна
tagsibol

лето
tag-init

осень
taglagas

зима
taglamig

прогноз погоды

lagay ng panahon

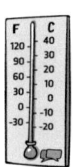

термометр

termometro

солнечный свет

sikat ng araw

туча

ulap

туман

hamog

влажность воздуха

kahalumigmigan

молния

kidlat

гром

kulog

буря

bagyo

град

may yelong ulan

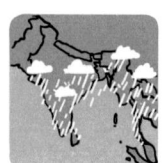

муссон

tag-ulan

наводнение

pagkain

лёд

yelo

январь

Enero

февраль

Pebrero

март

Marso

апрель

Abril

май

Mayo

июнь

Hunyo

июль

Hulyo

август

Agosto

сентябрь

Setyembre

октябрь

Oktubre

ноябрь

Nobyembre

декабрь

Disyembre

формы
mga hugis

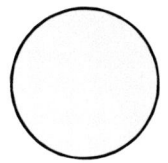

круг

bilog

квадрат

parisukat

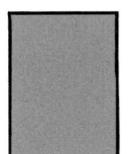

прямоугольник

rektanggulo

треугольник

tatsulok

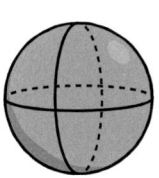

шар

pabilog

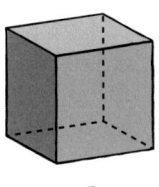

куб

kyub

цвета

mga kulay

белый
....
puti

желтый
....
dilaw

оранжевый
....
kahel

розовый
....
rosas

красный
....
pula

лиловый
....
ube

синий
....
asul

зелёный
....
berde

коричневый
....
brown

серый
....
grey

черный
....
itim

много / мало

marami / kakaunti

яростный / мирный

takot / kalmado

красивый / уродливый

maganda / pangit

начало / конец

simula / katapusan

большой / маленький

malaki / maliit

светлый / темный

matingkad / madilim

брат / сестра

kuya / ate

чистый / грязный

malinis / madumi

полный / неполный

kumpleto / kulang

день / ночь

araw / gabi

мёртвый / живой

patay / buhay

широкий / узкий

malawak / makipot

съедобный / несъедобный

nakakain / hindi nakakain

злой / дружелюбный

masama / mabuti

взволнованный / скучающий

nakakatuwa / nakakainip

толстый / худой

mataba / payat

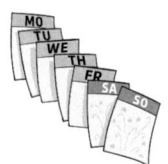

сначала / в конце

una / huli

друг / враг

kaibigan / kaaway

полный / пустой

puno / walang laman

твёрдый / мягкий

matigas / malambot

тяжёлый / легкий

mabigat / magaan

голод / жажда

gutom / uhaw

больной / здоровый

may sakit / malusog

незаконный / законный

ilegal / legal

умный / глупый

matalino / tanga

слева / справа

kaliwa / kanan

близко / далеко

malapit / malayo

новый / подержанный

bago /gamit na

ничто / нечто

wala /mayroon

старый / молодой

matanda / bata

включено / выключено

naka-on / naka-off

открыто / закрыто

bukas / sarado

тихо / громко

tahimik / maingay

богатый / бедный

mayaman / mahirap

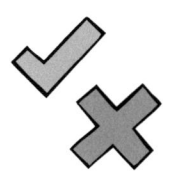

правильный /
неправильный
tama / mali

шероховатый / гладкий

magaspang / makinis

печальный / счастливый

malungkot / masaya

короткий / длинный

maikli / mahaba

медленный / быстрый

mabagal / mabilis

мокрый / сухой

basa / tuyo

тёплый / прохладный

maligamgam / malamig

война / мир

digmaan / kapayapaan

0

ноль

sero

1

один

isa

2

два

dalawa

3

три

tatlo

4

четыре

apat

5

пять

lima

6

шесть

anim

7

семь

pito

8

восемь

walo

9

девять

siyam

10

десять

sampu

11

одиннадцать

labing-isa

12

двенадцать

labindalawa

13

тринадцать

labintatlo

14

четырнадцать

labing-apat

15

пятнадцать

labinlima

16

шестнадцать

labing-anim

17

семнадцать

labimpito

18

восемнадцать

labing-walo

19

девятнадцать

labinsiyam

20

двадцать

dalawampu

100

сто

daan

1.000

тысяча

libo

1.000.000

миллион

milyon

английский

Ingles

американский английский

Amerikan na Ingles

мандаринский китайский

Tsinong Mandarin

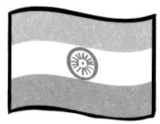

хинди

Hindi

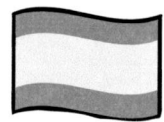

испанский

Espanyol

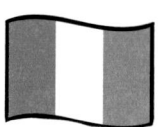

французский

Pranses

арабский

Arabe

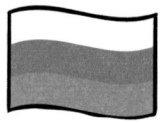

русский

Ruso

португальский

Portuges

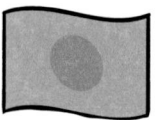

бенгальский

Bengali

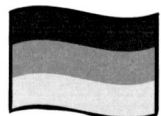

немецкий

Aleman

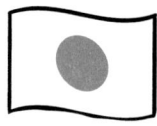

японский

Hapon

я

ako

ты

ikaw

он / она / оно

siya / siya / ito

мы

kami

вы

ikaw

они

sila

кто?

sino?

что?

ano?

как?

paano?

где?

saan?

когда?

kailangan?

имя

pangalan

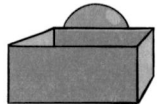

за

likuran

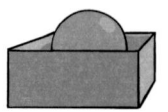

в

saan

перед

sa harap ng

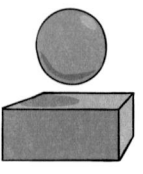

над

itaas

на

sa

под

ilalim

рядом

katabi

между

pagitan

место

lugar